まとめて作って温めるだけ

つくりおきスープ

市瀬悦子

はじめに

私がつくるスープは、普段のごはんに食べたい、そんなスープです。
そして、ついつい多めにつくって、明日も食べようって思います。
私は野菜をたっぷり使ってスープをつくります。
「忙しいから、山盛りスープをおかず代わりにしよう！」なんてとき、
「冷蔵庫の野菜が使いきれてないな」と気づいたとき、
「あ、お肉ばっかり食べちゃったな」なんて思ったとき、
私が日々のごはんで頼りにしているのが、何といってもスープ。

この本では、さまざまなシーンに合った「つくりおきスープ」をご紹介しています。

朝だったら、するすると胃に入ってくれる野菜のポタージュ。

昼や夜は、具だくさんのスープや、洋風、エスニック風のごちそうスープもいい。

季節の変わり目に、ちょっと風邪ぎみかも、と思ったときは消化がよく、やさしい味のスープが食べたくなるもの。

いずれも、「つくりおき」にしているからこそ、本格的なスープでも、簡単にできて、すぐに食べられるのがいいところ。

自分好みの「つくりおきスープ」は、きっと、日々の食卓で活躍してくれるはずです。

スープって、素材から出るうまみがおいしいんだなって思います。

なので、この本でご紹介するスープはすべて、市販のスープの素を使わない、素材のおいしさが詰まったレシピになっています。

食卓にあたたかいスープがあるって、本当にいいもの。

たくさんのおいしい素材が詰まったスープを楽しんでいただけたらうれしいです。

市瀬悦子

Contents

Part 3

つくりおきで安心　症状別

体をととのえるスープ

[本書の決まり]
＊大さじ1は15㎖、小さじ1は5㎖、
1カップは200㎖です。
＊電子レンジの加熱時間は600Wを基準にしています。
＊だし汁はかつお昆布だしを使っています。

忙しい朝にぴったり
冷凍保存できる「野菜スープの素」

野菜スープの素をつくっておけば、牛乳や水でのばすだけで
すぐにスープが完成します。市販のコンソメスープの素などは一切使いません。
スープの素は冷凍もできるので、多めにつくって保存しておくのがおすすめ。
朝ごはんや、昼ごはんのサイドメニューにもぴったりです。

野菜スープの素をつくる

冷蔵保存または
保存袋に入れて
冷凍庫で保存

主役の野菜と玉ねぎ（または
長ねぎ）を炒めてから蒸し煮
にし、柔らかくなったら、マ
ッシャーなどでつぶすかミキ
サーでペースト状にしてでき
上がり。玉ねぎや長ねぎは味
に深みを出してくれるので、
ぜひ入れてつくってみて。

＊ミキサーにかけるときは、混
ざってからさらにかけるとなめ
らかになります。お手持ちのミ
キサーに全量入らない場合は2
回に分けて。
＊冷凍した場合の解凍方法は
11ページを参照。

にんじんポタージュの素 ➡ レシピは16ページ

牛乳でのばす

スープの素は牛乳や生クリーム、豆乳、水な
どでのばすだけ。牛乳だと素材の味がしっか
り感じられ、生クリームだとコクのあるまろ
やかな味に、豆乳だとあっさり仕上がります。

スープの完成

にんじんのポタージュ ➡ レシピは17ページ

本格的スープが手軽にできる
アレンジ自在の「スープストック」

肉や魚介、野菜などの食材をコトコト煮てだしをとったスープストックは、
多めにつくっておくと便利です。最小限の食材を使い、
味つけも薄めにしてあるので、加える食材や調味料によって
さまざまな味に展開できます。昼ごはんや晩ごはんの立派な一品に。

スープストックをつくる

だしとなる食材を水から入れて煮るか、炒めてから水を加えて煮込むだけ。具もおいしく食べたいので、食材からだしが出すぎず、かつスープにはだしがしっかり出るレシピになっています。そのまま食べても、調味料や食材を加えてアレンジしても。

保存容器に入れて
冷蔵庫で保存

手羽先と長ねぎのスープストック
➡レシピは38ページ

和風にアレンジ

手羽先と白菜の和風スープ
➡レシピは40ページ

中華風にアレンジ

鶏肉の中華がゆ
➡レシピは40ページ

エスニック風にアレンジ

手羽先のココナッツカレースープ
➡レシピは42ページ

毎日食べて、おいしさ変わらず！
症状別「体をととのえるスープ」

病気ではないけれど、なんだか体調がすぐれない、元気が出ないなどの
不調を抱えるときでも、具材を柔らかく煮込んだスープなら食べられそう。
そこで、3〜4日はおいしく食べられる野菜たっぷりのスープをつくりおきし、
毎日少しずつ食べて体をリセットする、体調別のスープを提案します。

胃が疲れているときに

焼きキャベツとにんじんのやわらか煮スープ
➡ レシピは76ページ

風邪のひきはじめに

保存容器に入れて
冷蔵庫で保存

鶏肉と大根のねぎしょうがスープ
➡ レシピは66ページ

元気をつけたいときに

ユッケジャンスープ
➡ レシピは90ページ

腸をスッキリさせたいときに

絹さやとえのき、ひじきの和風スープ
➡ レシピは84ページ

Part 1

牛乳や水でのばすだけ
冷凍保存できる

「野菜スープの素」

野菜を柔らかくなるまで煮て
つぶすか、ペースト状にするだけ。
それを、牛乳や水などでのばすと
あっという間に野菜スープができ上がります。
1回分ずつ冷凍保存しておけるので
多めにつくって、ストックしておくと
いざというときに頼りになります。
忙しい朝にもぴったりで
野菜不足を感じるときにもあるとうれしい。
スープにすると、野菜のうまみが凝縮され
量がたくさんとれるのもいいところです。

［かぶスープの素］

とろとろに煮えたかぶを粗くつぶして、ほどよく食感を残しました。ごま油でコクを出し、香味野菜の長ねぎで深みのある味に。

材　料 ● 6杯分

かぶ ……………… 4〜5個（500g）
長ねぎ …………… 1本
ごま油 …………… 大さじ2
A {
　水 ………… 300ml
　塩 ………… 小さじ1
　こしょう … 少々
}

◎冷蔵の場合

すぐ食べきる場合は、保存容器に入れて冷蔵庫へ。

保存期間 3〜4日

◎冷凍の場合

3〜4日で食べきれない場合は、一度に食べる量ずつ小分けにして冷凍します。冷凍用の保存袋に入れて空気を抜いて口を閉じ、平らにしてから冷凍庫へ。バットなどにのせると短時間で冷凍できます。完全に凍ったら、立てて保存するとかさばらず見やすいです。

保存期間 約1か月

◎解凍するときは

30分ほど室温におくと半解凍の状態になるので（流水をかけるとより早く解凍できる）、鍋に入る大きさに割って入れます。弱火にかけてスープの素が完全に溶けたら、水や牛乳などを加えて煮立たせないように温めます。

4

煮立ったらアクをとる。

5

蓋をして弱火で15分ほど、かぶが崩れて柔らかくなるまで煮る。

6

固形が少し残る程度につぶす

マッシャーや泡立て器でかぶを粗くつぶし、冷ます。

1

かぶは葉を切り落とし、皮をむいて4つ割りに、長ねぎは縦半分に切って斜め薄切りにする。

2

炒めることでコクが出る

鍋にごま油を入れて中火で熱し、かぶ、長ねぎを入れて炒める。

3

3分ほど炒め、ねぎがしんなりとして、かぶが透き通ってきたら、Aを加える。

● tsukurioki ●

［かぶスープの素］を使って

かぶの中華風スープ

かぶは淡泊なので、味つけザーサイでコクを加えます。
かぶと長ねぎの食感も楽しめるスープです。

材料 ● 1杯分

［かぶスープの素］➡10ページ……1/6量（約100g）
味つけザーサイ（市販品）…………小さじ2
水………………………………100ml
粗びき黒こしょう………………適量

つくり方

1 ザーサイは粗みじん切りにする。

2 小鍋にかぶスープの素、ザーサイ、水を入れて中火にかける。
　煮立ったら器に盛り、黒こしょうをふる。

［きのこポタージュの素］

3種類のきのこをミックスすることで複雑な味わいに。
きのこのうまみと玉ねぎの甘みがギュッと濃縮。

材料 ● 6杯分

マッシュルーム ····· 2パック（200g）
しいたけ ·············· 6枚（130g）
しめじ ················· 1パック（100g）
玉ねぎ ················· 1個
バター ················· 20g

A
- 水 ·················· 500ml
- 塩 ················· 小さじ1
- こしょう ········· 少々
- ローリエ ········ 1枚

つくり方

1　マッシュルーム、しいたけは石突きを切り落として5mm厚さの薄切りにする。しめじは石突きを切り落として小房に分け、玉ねぎは縦に薄切りにする。

2　鍋にバターを入れて中火で熱し、バターを溶かす。玉ねぎを加え、しんなりとするまで3分ほど炒める。1のきのこを加え、ざっくりと返しながら、しんなりとするまで3分ほど炒める。

3　Aを加え、煮立ったらアクをとる。蓋をして弱火で10分ほど煮て、粗熱をとる。

4　ローリエをとり除き、ミキサー（またはハンディーブレンダー）にかけ、ペースト状にして冷ます。

保存期間　冷蔵で3～4日、冷凍で約1か月

きのこのポタージュ

［きのこポタージュの素］を使って

牛乳でのばすと、きのこの濃い味が際立ち、生クリームだとまろやかになります。簡単なのに手をかけたようなごちそうスープ。

材料 ● 1杯分

［きのこポタージュの素］ ➡右ページ ……… 1/6量（約150g）
牛乳（または生クリーム）……………………… 50ml
イタリアンパセリ（粗みじん切り／あれば）… 適量

つくり方

小鍋にきのこポタージュの素、牛乳（または生クリーム）を入れて弱火にかける。煮立たせないように時々混ぜながら温める。器に盛り、イタリアンパセリをふる。

15

［にんじんポタージュの素］

にんじんと玉ねぎの2つの異なる甘さで
味に奥行きが出て、食べやすくなります。

材　料 ● 6杯分

にんじん ················· 3本（450g）
玉ねぎ ················· 1個
バター ················· 30g

A
- 水 ················· 600ml
- 塩 ················· 小さじ1
- こしょう ············· 少々
- ローリエ ············· 1枚

つくり方

1　にんじんは皮をむいて5mm厚さの半月切りに、玉ねぎは縦に
薄切りにする。

2　鍋にバターを入れて中火で熱し、バターを溶かす。にんじん、玉
ねぎを加えて3～4分、玉ねぎがしんなりとするまで炒める。

3　Aを加え、煮立ったらアクをとる。蓋をして弱火で10分ほど、
にんじんが柔らかくなるまで煮て、粗熱をとる。

4　ローリエをとり除き、ミキサー（またはハンディーブレンダー）にか
け、ペースト状にして冷ます。

保存期間　冷蔵で3～4日、冷凍で約1か月

[にんじんポタージュの素]を使って

にんじんのポタージュ

やさしい甘さのあるスープで、色合いは鮮やか。オリーブオイルとの相性は抜群です。

材　料 ● 1杯分

[にんじんポタージュの素] ➡右ページ ‥‥‥ 1/6量(約150g)
牛乳 ‥‥‥‥‥‥‥‥‥‥‥‥‥‥‥‥‥‥‥‥‥‥‥‥‥ 50ml
オリーブオイル ‥‥‥‥‥‥‥‥‥‥‥‥‥‥‥‥ 適量

つくり方

小鍋に、にんじんポタージュの素、牛乳を入れて弱火にかける。煮立たせないように時々混ぜながら温める。器に盛り、オリーブオイルを回しかける。

<u>材　料</u>●6杯分

ブロッコリー ···· 大1個（350g）
玉ねぎ ············· 1個
バター ············· 30g
A ┤ 水 ············· 400ml
　　 塩 ············· 小さじ1
　　 こしょう ····· 少々

<u>つくり方</u>

1　ブロッコリーは小さめの小房に分け、茎は皮を厚めにむいて
　　1cm角に切る。玉ねぎは粗みじん切りにする。

2　鍋にバターを入れて中火で熱し、バターを溶かす。玉ねぎ、ブ
　　ロッコリーの茎を加えて3分ほど、玉ねぎがしんなりとするま
　　で炒め、ブロッコリーを加えてさっと炒める。

3　Aを加え、煮立ったらアクをとる。蓋をして弱火で8分ほど、
　　ブロッコリーが柔らかくなるまで煮る。

4　マッシャーや泡立て器でブロッコリーを粗くつぶし、冷ます。

保存期間　冷蔵で約2日、冷凍で約1か月

[ブロッコリースープの素] を使って

ブロッコリーの ミルクスープ

バターと玉ねぎのコクにチーズをトッピング。
余熱で溶けたところを一緒にいただきます。

材　料 ● 1杯分

[ブロッコリースープの素] → 右ページ ····· 1/6量（約120g）
牛乳 ··· 70ml
ピザ用チーズ ································· 適量

つくり方

小鍋にブロッコリースープの素、牛乳を入れて弱火にかける。煮立たせないように時々混ぜながら温める。器に盛り、ピザ用チーズをのせ、溶かしながら食べる。

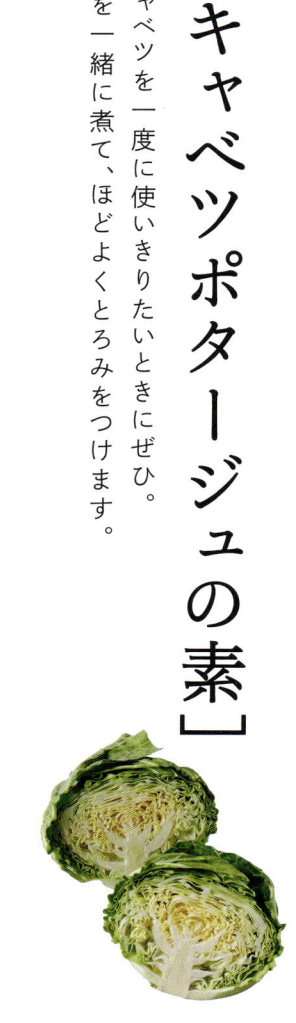

［キャベツポタージュの素］

キャベツを一度に使いきりたいときにぜひ。米を一緒に煮て、ほどよくとろみをつけます。

材 料 ● 6杯分

キャベツ…………	1/2個（500g）
玉ねぎ…………	1個
にんにく…………	1片
米………………	大さじ3
バター…………	30g
A 水……………	600ml
塩……………	小さじ1
こしょう……	少々

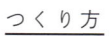

つくり方

1　キャベツは一口大のざく切りに、玉ねぎは縦に薄切りに、にんにくは薄切りにする。米は茶こしに入れてさっとすすいで水気をきる。

2　鍋にバターを入れて中火で熱し、バターを溶かす。玉ねぎ、にんにくを加え、玉ねぎがしんなりとするまで3分ほど炒める。

3　A、米、キャベツを加えて強火にする。煮立ったら、蓋をして弱火で20分ほど、米が柔らかくなるまで蒸し煮にし（途中、一度上下をざっくりと返す）、粗熱をとる。

4　ミキサー（またはハンディーブレンダー）にかけ、ペースト状にして冷ます。

保存期間　冷蔵で3〜4日、冷凍で約1か月

キャベツの
ガーリックポタージュ

[キャベツポタージュの素] を使って

にんにく、バター、玉ねぎのコクで
キャベツなのに濃厚なスープ。
青い香りがほんのり立ちます。

材　料 ● 1杯分

[キャベツポタージュの素] →右ページ ····· 1/6量（約160g）
牛乳 ·························· 50ml
ガーリックチップ（あれば） ············· 適量
粗びき黒こしょう ··················· 適量

つくり方

小鍋にキャベツポタージュの素、牛乳を入れて弱火にかける。煮立たせないように時々混ぜながら温める。器に盛り、ガーリックチップをのせ、黒こしょうをふる。

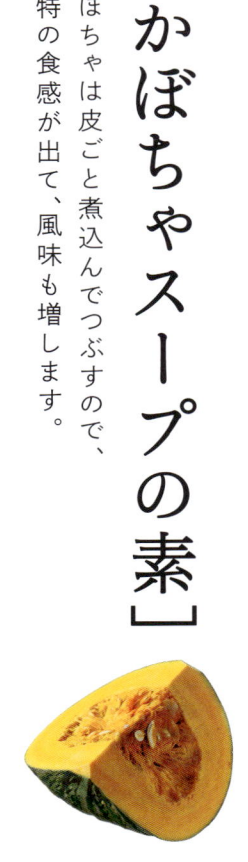

［かぼちゃスープの素］

かぼちゃは皮ごと煮込んでつぶすので、独特の食感が出て、風味も増します。

材 料 ● 6杯分

かぼちゃ ………… 大1/4個（400g）
玉ねぎ ………… 1個
バター ………… 30g
A ｛
　水 ………… 400ml
　塩 ………… 小さじ 2/3
　こしょう ……… 少々
　ローリエ ……… 1枚

つくり方

1　かぼちゃは種、ワタをとって 1cm 厚さの一口大に切る。玉ねぎは縦半分に切ってから長さを半分に切り、縦に薄切りにする。

2　鍋にバターを入れて中火で熱し、バターを溶かす。かぼちゃ、玉ねぎを加えて 3分ほど、玉ねぎがしんなりとするまで炒める。

3　Aを加え、煮立ったらアクをとる。蓋をして弱火で 15分ほど、かぼちゃが崩れて柔らかくなるまで煮る。

4　ローリエをとり除き、マッシャーや泡立て器でかぼちゃを粗くつぶし、冷ます。

保存期間 冷蔵で 3〜4日、冷凍で約 1か月

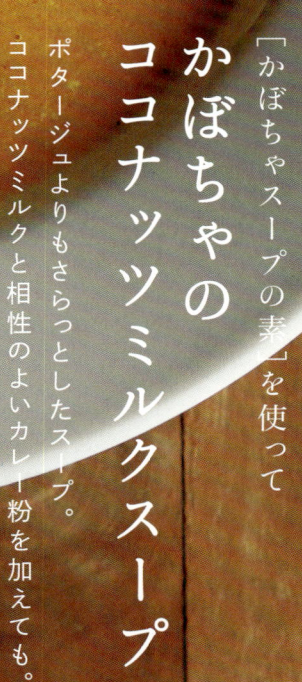

［かぼちゃスープの素］を使って

かぼちゃの
ココナッツミルクスープ

ポタージュよりもさらっとしたスープ。
ココナッツミルクと相性のよいカレー粉を加えても。

材 料 ● 1杯分

［かぼちゃスープの素］ ➡ 右ページ ………… 1/6量（約130g）
ココナッツミルク ……………………………… 75ml
水 ……………………………………………… 大さじ1

つくり方

小鍋にかぼちゃスープの素、ココナッツミルク、水を入れて
弱火にかける。煮立たせないように時々混ぜながら温める。

材　料●6杯分

とうもろこし	3本
玉ねぎ	1個
バター	30g
薄力粉	大さじ3

A{
水	600ml
塩	小さじ1
こしょう	少々
ローリエ	1枚

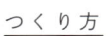

つくり方

1　とうもろこしは半分に切ってから包丁で実をそぎ落とし、芯1本分はとり置く。玉ねぎは粗みじん切りにする。

2　鍋にバターを入れて中火で熱し、バターを溶かす。とうもろこし、玉ねぎを加えて3〜4分、玉ねぎが透き通るまで炒める。薄力粉を加え、粉っぽさがなくなるまで炒める。

3　A、1のとうもろこしの芯を加え、煮立ったらアクをとる。蓋をして弱火で20分ほど、とうもろこしが柔らかくなるまで煮る。

4　芯、ローリエをとり除いて冷ます。

保存期間　冷蔵で3〜4日、冷凍で約1か月

コーンスープ

［コーンスープの素］を使って

生のとうもろこしならではの食感と甘み。
玉ねぎの甘みと相まって深みのある味わいに。

→右ページ

材　料● 1 杯分

［コーンスープの素］→右ページ ………1/6量（約100g）
牛乳 ………………………………………50ml

つくり方

小鍋にコーンスープの素、牛乳を入れて弱火にかけ
る。煮立たせないように時々混ぜながら温める。

［じゃがいもポタージュの素］

じゃがいものでんぷんで、とろみのあるペーストに。
炒めて甘みを出した玉ねぎとよく合います。

材　料 ● 6杯分

じゃがいも	……………	3個（450g）
玉ねぎ	…………………	1個
バター	…………………	30g
A　水	…………………	600ml
塩	…………………	小さじ1
こしょう	…………	少々

つくり方

1　じゃがいもは皮をむいて5mm厚さの半月切りにし、さっと水にさらして水気をよくきる。玉ねぎは縦に薄切りにする。

2　鍋にバターを入れて中火で熱し、バターを溶かす。じゃがいも、玉ねぎを加えて3〜4分、じゃがいもが透き通ってくるまで炒める。

3　Aを加え、煮立ったらアクをとる。蓋をして弱火で15分ほど、じゃがいもが柔らかくなるまで煮て、粗熱をとる。

4　ミキサー（またはハンディーブレンダー）にかけ、ペースト状にして冷ます。

保存期間　冷蔵で3〜4日、冷凍で約1か月

じゃがいもの チーズポタージュ

チーズは、カマンベールやゴルゴンゾーラなど
お好みのものでも。
ディルはよく合うのでぜひ加えてみて。

材 料 ● 1杯分

[じゃがいもポタージュの素] ➡右ページ ……	1/6量(約160g)
牛乳(または生クリーム) ……………………	50ml
ディル、パルメザンチーズ …………………	各適量

つくり方

小鍋にじゃがいもポタージュの素、牛乳(または生クリーム)を入れて弱火にかける。煮立たせないように時々混ぜながら温める。器に盛り、葉先を摘んだディル、削ったパルメザンチーズをのせる。

［里いもスープの素］

香味野菜の長ねぎからもいいだしが出ます。
だし汁と薄口しょうゆで和風に仕立てました。

材 料 ● 6杯分

里いも ···················· 5〜6個（500g）
長ねぎ ···················· 1本
サラダ油 ················· 大さじ1
A {
　だし汁 ·················· 400ml
　塩 ······················· 小さじ2/3
　薄口しょうゆ ···· 大さじ1/2
}

つくり方

1　里いもは1cm厚さの輪切りにし、長ねぎは斜め薄
　切りにする。

2　鍋にサラダ油を入れて中火で熱し、里いも、長ねぎ
　を加えて3分ほど、長ねぎがしんなりとするまで炒
　める。

3　Aを加え、煮立ったらアクをとる。蓋をして弱火で
　10分ほど、里いもが柔らかくなるまで煮る。

4　マッシャーや泡立て器で里いもを粗くつぶし、冷ま
　す。

保存期間 冷蔵で3〜4日、冷凍で約1か月

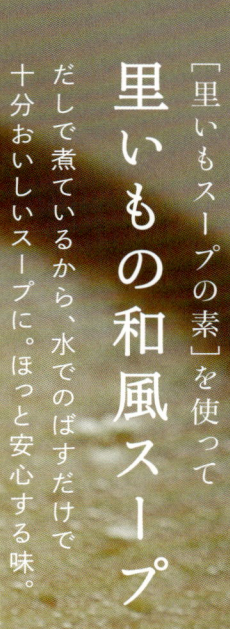

［里いもスープの素］を使って

里いもの和風スープ

だしで煮ているから、水でのばすだけで
十分おいしいスープに。ほっと安心する味。

材 料●1杯分

[里いもスープの素] ➡右ページ ………… 1/6量（約120g）
水………………………………………… 75ml
一味唐辛子………………………………… 適量

つくり方

小鍋に里いもスープの素、水を入れて中
火にかける。煮立ったら器に盛り、一味
唐辛子をふる。

［ひよこ豆ポタージュの素］

エスニック食材のひよこ豆をポタージュに。にんにくとクミンシードで香り高く仕上げました。

材 料● 6杯分

ひよこ豆（ゆでたもの、または水煮）····	350g
長ねぎ ·················	2本
にんにく ·················	1片
バター ·················	20g
オリーブオイル ·················	大さじ1
クミンシード ·················	小さじ1/2
A ┌ 水·················	600ml
├ 塩·················	小さじ1
└ こしょう·················	少々

つくり方

1 長ねぎは縦半分に切ってから斜め薄切りに、にんにくは薄切りにする。

2 鍋にバター、オリーブオイル、クミンシードを入れて中火で熱し、バターを溶かす。クミンシードから気泡が出てきたらひよこ豆、長ねぎ、にんにくを加えて3分ほど、長ねぎがしんなりとするまで炒める。

3 Aを加え、煮立ったらアクをとる。蓋をして弱火で10分ほど煮て、粗熱をとる。

4 ミキサー（またはハンディーブレンダー）にかけ、ペースト状にして冷ます。

保存期間 冷蔵で3〜4日、冷凍で約1か月

◎ひよこ豆のゆで方

ひよこ豆はさっと洗ってボウルに入れ、豆の3倍量の水に浸して一晩おく。もどし汁ごと鍋に入れて中火にかけ、煮立ったら豆がしっかりとかぶるくらいの水を加え、再び煮立ったらアクをとる。弱火にして30〜40分を目安にゆで、途中、豆がゆで汁から出るようであれば、その都度水を加える。豆が柔らかくなったら、ざるに上げて水気をきる。

※ポタージュの素をつくる際、水の半量ほどをゆで汁に替えてつくってもおいしい。
※豆はゆでると約2.5倍になるので、乾燥150gでゆで上がりが375gになる。

[ひよこ豆ポタージュの素]を使って

ひよこ豆のエスニック レモンポタージュ

レモン汁を加えてさっぱりとした味に。さらっとしていて暑い日にもおすすめ。

材 料 ● 1杯分

[ひよこ豆ポタージュの素] →右ページ ⋯⋯ 1/6量(約160g)
牛乳 ⋯⋯⋯⋯⋯⋯⋯⋯⋯⋯⋯⋯⋯⋯⋯⋯⋯⋯⋯ 50ml
レモン汁 ⋯⋯⋯⋯⋯⋯⋯⋯⋯⋯⋯⋯⋯⋯⋯⋯⋯ 大さじ1/2
レモン(輪切り) ⋯⋯⋯⋯⋯⋯⋯⋯⋯⋯⋯⋯⋯⋯⋯⋯ 1枚

つくり方

小鍋にひよこ豆ポタージュの素、牛乳を入れて弱火にかける。煮立たせないように時々混ぜながら温め、レモン汁を加える。器に盛り、レモンの輪切りをのせる。

［カリフラワースープの素］

ほろほろに崩れたカリフラワーの食感が
やさしいスープ。つぶし具合はお好みで。

材　料 ● 6杯分

カリフラワー ····· 1個（400g）
玉ねぎ ············· 1個
バター ············· 30g

A {
水 ················ 300ml
塩 ················ 小さじ 2/3
こしょう ····· 少々
ローリエ ····· 1枚
}

つくり方

1　カリフラワーは小さめの小房に分け、茎は皮をむいて 1 cm 角に切る。玉ねぎは縦半分に切ってから長さを半分に切り、縦に薄切りにする。

2　鍋にバターを入れて中火で熱し、バターを溶かす。カリフラワー、玉ねぎを加えて 3 〜 4 分、玉ねぎがしんなりとするまで炒める。

3　A を加え、煮立ったらアクをとる。蓋をして弱火で 10 分ほど、カリフラワーが柔らかくなるまで煮る。

4　ローリエをとり除き、マッシャーや泡立て器でカリフラワーを粗くつぶし、冷ます。

保存期間 冷蔵で 2 〜 3 日、冷凍で約 1 か月

カリフラワーの
アンチョビスープ

淡泊なカリフラワーにアンチョビのコクをプラス。
生クリームを加えるとよりコクが出ておいしい。

材料 ● 1杯分

［カリフラワースープの素］➡右ページ ····· 1/6量（約130g）
牛乳 ··· 75ml
アンチョビ ·· 小1枚
ピンクペッパー（あれば） ································· 適量

つくり方

小鍋にカリフラワースープの素、牛乳、たたいたアンチョ
ビを入れて弱火にかける。煮立たせないように時々混ぜな
がら温める。器に盛り、ピンクペッパーをふる。

［ごぼう　ポタージュの素］

食物繊維たっぷりの滋味深いスープ。
繊維が強くミキサーに
かけにくいので注意して。

［さつまいも　ポタージュの素］

皮つきのままペーストにするので
栄養も満点、見た目にもきれい。

材料 ● 6杯分

ごぼう ………… 大2本（400g）
長ねぎ ………… 1本
米 ……………… 大さじ3
バター ………… 30g
A { 水 …………… 600ml
　　塩 …………… 小さじ2/3
　　こしょう …… 少々

つくり方

1　ごぼうは皮をこそげて5mm厚さの斜め薄切りにし、さっと水にさらして水気をよくきる。長ねぎは縦半分に切ってから斜め薄切りにする。米は茶こしなどに入れてさっとすすいで水気をきる。

2　鍋にバターを入れて中火で熱し、バターを溶かす。ごぼう、長ねぎを加えて3分ほど、長ねぎがしんなりとするまで炒める。

3　A、米を加え、煮立ったらアクをとる。蓋をして弱火で20分ほど、ごぼうと米が柔らかくなるまで煮て、粗熱をとる。

4　ミキサー（またはハンディーブレンダー）にかけ、ペースト状にして冷ます。

保存期間　冷蔵で3〜4日、冷凍で約1か月

材料 ● 6杯分

さつまいも ……… 小3本（400g）
玉ねぎ ………… 1個
バター ………… 30g
A { 水 …………… 600ml
　　塩 …………… 小さじ1
　　こしょう …… 少々

つくり方

1　さつまいもはよく洗ってひげ根をとり、皮つきのまま5mm厚さの半月切りにし、さっと水にさらして水気をよくきる。玉ねぎは縦に薄切りにする。

2　鍋にバターを入れて中火で熱し、バターを溶かす。さつまいも、玉ねぎを加えて3〜4分、玉ねぎがしんなりとするまで炒める。

3　Aを加え、煮立ったらアクをとる。蓋をして弱火で15分ほど、さつまいもが柔らかくなるまで煮て、粗熱をとる。

4　ミキサー（またはハンディーブレンダー）にかけ、ペースト状にして冷ます。

保存期間　冷蔵で3〜4日、冷凍で約1か月

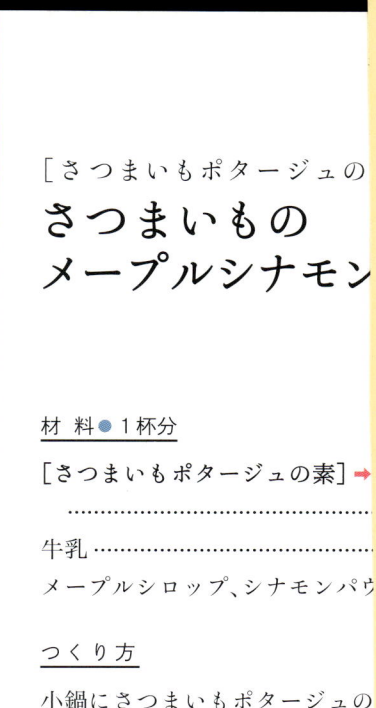

[さつまいもポタージュの...

さつまいもの
メープルシナモン...

メープルシロップとシナモンで
まるでスイーツのようなスープに。

材 料 ● 1杯分

[さつまいもポタージュの素]→

牛乳......................

メープルシロップ、シナモンパウ...

つくり方

小鍋にさつまいもポタージュの...
て弱火にかける。煮立たせない...
ながら温める。器に盛り、シナ...
ふり、メープルシロップをかけ...

濃い味同士のごぼ...
よく合いま...
豆乳でやさしくま...

[ごぼうポタージュの素]を使って

ごぼうの
豆乳みそポタージュ

材 料 ● 1杯分

[ごぼうポタージュの素]→右ページ
.................................1/6 量(約160g)
豆乳(成分無調整) 70ml
みそ ....小さじ 1/2
細ねぎ(小口切り) ....適量

つくり方

小鍋にごぼうポタージュの素、豆乳を入れてみ
そを溶き混ぜ、弱火にかける。煮立たせないよ
うに時々混ぜながら温める。器に盛り、細ねぎ
をのせる。

[玉ねぎポタージュの素]を使って
玉ねぎの
和風ポタージュ

豆乳＋しょうゆで和風仕立てに。
牛乳でのばし、
塩でととのえて洋風にしても。

材 料 ● 1杯分

[玉ねぎポタージュの素] ············1/6量(約160g)
豆乳(成分無調整) ·····························50ml
しょうゆ ································小さじ1/2
白すりごま ·································適量

つくり方

小鍋に玉ねぎポタージュの素、豆乳を入れて弱
火にかける。煮立たせないように時々混ぜなが
ら温め、しょうゆを加える。器に盛り、すりご
まをふる。

［玉ねぎ
ポタージュの素］

玉ねぎをふんだんに使った
シンプルなスープ。
真っ白でなめらかなペーストが美しい。

材 料 ● 6杯分

玉ねぎ ··············3個
にんにく ···········1片
バター ··············30g
A {
　水···············600ml
　塩···············小さじ2/3
　こしょう·····少々
}

つくり方

1　玉ねぎは縦に薄切りに、にんにくは薄切り
　　にする。
2　鍋にバターを入れて中火で熱し、バターを
　　溶かす。玉ねぎ、にんにくを加えて3～4分、
　　しんなりとするまで炒める。
3　Aを加え、煮立ったらアクをとる。蓋をし
　　て弱火で15分ほど、柔らかくなるまで煮
　　て、粗熱をとる。
4　ミキサー(またはハンディーブレンダー)にかけ、
　　ペースト状にして冷ます。
保存期間 冷蔵で3～4日、冷凍で約1か月

Part 2

一度につくって
アレンジを楽しむ

「スープストック」

スープストックというと
大量の食材を長時間コトコト煮て
だしが出た後の食材は捨ててしまうもの。
でもここでは、煮る時間は長くても20分、
また、だしとなる食材は、スープの具として
おいしくいただけるレシピにしました。
スープストックがあれば
具材や調味料を追加してさっと煮るだけで
和・洋・中・エスニックと
さまざまな味わいに変化。
本格的なスープも簡単につくれます。

［手羽先と長ねぎの
スープストック］

短時間でだしが出る手羽先を使った、定番のスープストック。長ねぎの青い部分としょうがで臭みをとり、すっきりした味に。

材料 ● 6杯分

手羽先	12本
長ねぎ	2本
A 〈 長ねぎの青い部分	2本分
しょうが(薄切り)	2片分
水	7カップ
酒	大さじ3
塩	小さじ2/3

保存について

密閉できる保存容器に移し替え、冷蔵庫で保存します。保存期間内に食べきれなかったら、冷凍してもよいでしょう。

保存期間 冷蔵で3〜4日、冷凍で約1か月

◎そのまま食べても

短い煮込み時間なので、手羽先からだしが出きらず、スープの具としておいしく食べられます。塩、こしょうで味をととのえて。

4

煮立ったらアクをしっかりとり、弱めの中火で10分煮込む。

肉のうまみを閉じ込める

5

火を止め、蓋をして10分ほどおく。

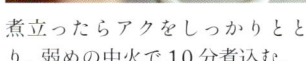

6

長ねぎの青い部分、しょうがをとり除いて冷ます。

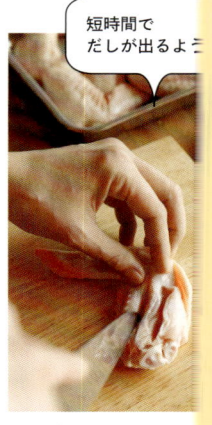

短時間でだしが出るよう

手羽先は骨に沿ってり込みを入れる。

長ねぎは1cm厚さにする。

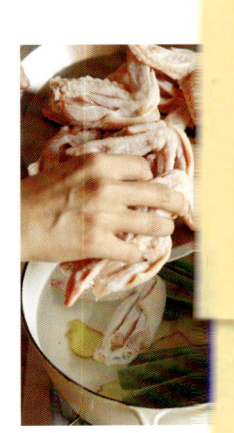

鍋にA、手羽先、長中火にかける。

手羽先と白菜の和風スープ

tsukurioki

材料 ▶ 2人分

[手羽先と長ねぎのスープストック] ➡38ページ
　　　具……………全量の1/3量(手羽先4本、長ねぎ約60g)
　　　スープ…………400ml
白菜………………1〜2枚
A┌ 塩…………………少々
　└ 薄口しょうゆ……小さじ1
ゆずの皮(せん切り)……適量

つくり方

1　白菜は一口大に切る。
2　鍋に、手羽先と長ねぎのスープストックを入れて中火にかける。煮立ったら白菜を加え(a)、蓋をしてしんなりとするまで弱火で8〜9分煮て、Aで味をととのえる。
3　器に盛り、ゆずの皮を散らす。

［手羽先と長ねぎのスープストック］を使って

鶏肉の中華がゆ

材料 ▶ 2人分

[手羽先と長ねぎのスープストック] ➡38ページ
　┌ 具……………全量の1/3量(手羽先4本、長ねぎ約60g)
　└ スープ…………300ml
米…………………100ml
水…………………400ml
塩、ごま油………各適量
クコの実(熱湯でもどす／あれば)…適量

つくり方

1　手羽先と長ねぎのスープストックは、具とスープに分ける。手羽先は骨から身をはずす(a)。米は洗ってざるに上げ、しっかり水気をきって鍋に入れ、スープ、水を入れて1時間ほど浸水させる。
2　この鍋を強火にかけ、煮立ったら弱火にする。鍋底から一度大きく混ぜ(b)、手羽先、長ねぎをのせ、蓋をずらして40〜50分炊く。
3　器に盛り、塩をふってごま油を回しかけ、クコの実を散らす。

冬の代表野菜、白菜を加えて煮込むだけ。
さわやかなゆずの香りがスープの味を引き締めます。

おかゆといえども、鶏肉がたっぷり入っているので
韓国料理のサムゲタンのような食べごたえ。

［手羽先と長ねぎのスープストック］を使って

手羽先のココナッツカレースープ

材 料 ● 2人分

［手羽先と長ねぎのスープストック］➡38ページ

具 ……………………………	全量の1/3量（手羽先4本、長ねぎ約60g）
スープ ………………………	200ml

しし唐辛子 …………………… 4本
赤パプリカ …………………… 1/2個
にんにく（みじん切り）……… 1/2片分
オリーブオイル …………… 大さじ1/2
カレー粉 …………………… 大さじ1
ココナッツミルク（缶詰）…… 1/2缶（200ml）
ナンプラー ………………… 小さじ2
赤唐辛子（輪切り）…………… 1本分
ライム ……………………… 適宜

つくり方

1　手羽先と長ねぎのスープストックは、具材とスープに分ける（a）。しし唐辛子は包丁の先で切り込みを入れる。赤パプリカは一口大に切る。

2　フライパンにオリーブオイルを入れて強めの中火で熱し、手羽先の皮面を下にして焼く。2分ほどしてこんがりと焼き色がついたら返し（b）、にんにくを加えてさっと炒める。カレー粉を加え、粉っぽさがなくなるまで炒める。

3　2を鍋に移し、スープ、ココナッツミルク（c）、ナンプラー、赤唐辛子、長ねぎ、しし唐辛子、パプリカを加え（d）、中火にかける。煮立ったらアクをとり、弱めの中火で3〜4分煮る。

4　器に盛り、好みでライムをしぼって食べる。

カレー粉とココナッツミルクでエスニック味に変身。
鶏肉は表面を焼いてこげ目をつけると香ばしくなります。

［ベーコンと香味野菜のスープストック］

香味野菜の玉ねぎとセロリで野菜のだしを、ベーコンで肉のうまみを引き出した洋風の定番ストック。セロリの葉とローリエは、香り出しには欠かせません。

<u>材　料 ● 6杯分</u>

ベーコン（ブロック）‥‥‥	200g
玉ねぎ‥‥‥‥‥‥‥‥‥	2個
セロリ‥‥‥‥‥‥‥‥‥	2本
にんにく（みじん切り）‥‥	2片分
オリーブオイル‥‥‥‥‥	大さじ2

A ⎰ セロリの葉‥‥‥‥‥1〜2本分（20g）
　 ⎱ ローリエ‥‥‥‥‥‥2枚
　　 水‥‥‥‥‥‥‥‥‥7カップ
　　 塩‥‥‥‥‥‥‥‥‥小さじ2/3

<u>つくり方</u>

1　ベーコン、玉ねぎ、セロリは1cm角に切る。

2　鍋にオリーブオイル、にんにくを入れて中火で熱し、*1*を加えて炒める（**a**）。玉ねぎとセロリが透き通ってきたら、Aを加える。煮立ったらアクをとり、弱火で15分ほど煮る。

3　セロリの葉、ローリエをとり除いて冷ます。

＊そのまま食べるときは、塩、こしょうで味をととのえ、粉チーズをふる。

保存期間　冷蔵で4〜5日、冷凍で約1か月

［ベーコンと香味野菜のスープストック］を使って
ベーコンとレタスの中華スープ

ごま油を垂らすと、一気に中華風の味わいに。
さっと煮たレタスがシャキシャキでおいしい。

材 料 ● 2人分

［ベーコンと香味野菜のスープストック］

→右ページ

具	全量の1/4量（約150g）
スープ	400ml

レタス………………3枚

A { しょうゆ……小さじ1
    塩…………………少々

ごま油……………少々

白いりごま………適量

つくり方

1 レタスは一口大にちぎる。

2 鍋にベーコンと香味野菜のスープストックを入れて中火にかける。煮立ったら *1* を加えてさっと煮て A で味をととのえ、ごま油を回し入れる（**a**）。器に盛り、いりごまをふる。

朝ごはんにぴったりのやさしいスープ。
レンズ豆はすぐに煮えて、食べごたえもあります。

［ベーコンと香味野菜のスープストック］を使って

レンズ豆のミネストローネ

<u>材 料</u>● 2人分

[ベーコンと香味野菜のスープストック] ➡44ページ

具·····················全量の1/4量(約150g)
スープ·····················400ml

レンズ豆(オレンジ色の皮なしタイプ)·····大さじ3
黄パプリカ·····················1/4個
トマト·····················小1個
タイム·····················2〜3本
塩·····················ひとつまみ
こしょう·····················少々

つくり方

1 レンズ豆はざるに入れてさっとすすいで水気をきる。パプ
リカ、トマトは1cm角に切る(a)。

2 鍋にベーコンと香味野菜のスープストックを入れて中火に
かける。煮立ったら1、タイムを加え、再び煮立ったらア
クをとり、弱めの中火で10〜15分、レンズ豆がほろほろ
になるまで煮る。塩、こしょうで味をととのえる。

ベーコンとドライトマトのピラフ

材 料 ● 2人分

[ベーコンと香味野菜のスープストック] ➡44ページ

- 具 …………… 全量の1/2量(約300g)
- スープ ……………… 400ml

にんにく (みじん切り) … 1片分
米 …………… 2合
ドライトマト ………… 30g

黒オリーブ ………………… 12個
オリーブオイル ……………… 大さじ1

A
- 白ワイン ………………… 大さじ2
- 塩 …………………… 小さじ1/3
- こしょう ……………… 少々

イタリアンパセリ (粗みじん切り) … 適量

つくり方

1 ドライトマトは大きめに刻む。

2 鍋にオリーブオイル、にんにくを入れて中火で熱し、香りが立ったら米を洗わずに加え、透き通ってくるまで炒める (a)。

3 ベーコンと香味野菜のスープストック (b)、Aを加えて混ぜる。煮立ったらドライトマト、オリーブをのせ、蓋をする。弱火で12〜15分炊いて火を止め、10分ほど蒸らす。

4 全体を混ぜ、イタリアンパセリをふる。

スープストックがあれば、ピラフも簡単!
ドライトマトの酸味とオリーブがアクセント。

［ひき肉とトマトのスープストック］

身近な食材、ひき肉でつくる気軽なストック。
フレッシュトマトがだしになり、
和風、洋風、エスニック、アジアンとアレンジ自在。

材 料 ● 6杯分

豚ひき肉……… 300g
トマト………… 3個
サラダ油……… 大さじ1
A { 水………… 6カップ
    塩………… 小さじ2/3

つくり方

1 トマトは1.5cm角に切る。

2 鍋にサラダ油を中火で熱し、豚ひき肉
をほぐしながら炒める（**a**）。肉の色が
変わったらトマト（**b**）、Aを加える
（**c**）。煮立ったらアクをしっかりとり、
弱火で10分ほど煮て冷ます。

＊そのまま食べるときは、塩、こしょうで味を
ととのえ、細ねぎの小口切りをのせる。

保存期間 冷蔵で4〜5日、冷凍で約1か月

[ひき肉とトマトのスープストック]を使って

ひき肉とトマト、クレソンのみそスープ

意外にも、みそとトマトの相性は抜群。
クレソンの葉はさっと火を通すだけに。

材 料 ● 2人分

[ひき肉とトマトのスープストック]
➡右ページ
　　⎧ 具…………全量の1/3量(約130g)
　　⎩ スープ……300ml
クレソン ………1/3束
みそ …………大さじ1

つくり方

1　クレソンは葉を摘む。

2　鍋にひき肉とトマトのスープストック
　を入れて中火にかける。煮立ったらみ
　そを溶き、火を止めてクレソンの葉を
　加えてさっと混ぜる。

スープはでき上がっているので、煮込む必要はなし。
じゃがいもはレンジで加熱してさっと煮ます。

ひき肉とじゃがいものトマトキムチスープ

材料●2人分

［ひき肉とトマトのスープストック］ ➡ 48ページ

具	全量の1/3量（約130g）	
スープ	400ml	

じゃがいも……………………………小2個
白菜キムチ……………………………80g
しょうゆ、塩、こしょう、ごま油……各少々
細ねぎ（斜め切り）、白すりごま………各適量

つくり方

1　じゃがいもは洗って水気がついたままラップに包み、電子
　レンジで3分、上下を返して1分30秒ほど加熱する。皮
　をむき（a）、半分に切る。

2　鍋にひき肉とトマトのスープストックを入れて中火にかけ
　る。煮立ったらじゃがいも、白菜キムチを加えてさっと煮
　る。しょうゆ、塩、こしょう、ごま油で味をととのえる。

3　器に盛り、細ねぎをのせ、すりごまをふる。

トマト担々ワンタンスープ

材料● 2人分

[ひき肉とトマトのスープストック] ➡ 48ページ

- 具 ·········· 全量の1/3量(約130g)
- スープ ·········· 400ml
- ワンタンの皮 ·········· 8枚
- 味つけザーサイ (市販品) ····· 大さじ1
- にんにく (みじん切り) ········ 1/2片分
- 豆板醤 ·········· 小さじ1/3
- ごま油 ·········· 小さじ1

A
- 白練りごま ·········· 大さじ2
- みそ ·········· 小さじ2
- しょうゆ ·········· 小さじ1
- 酢 ·········· 小さじ1
- 塩 ·········· 少々

長ねぎ (せん切り)、パクチー (ざく切り) ···· 各適量
ラー油 ·········· 少々

つくり方

1 ザーサイはせん切りにする。A は混ぜ合わせておく。

2 鍋にごま油、にんにく、豆板醤を入れて中火にかけて炒める。香りが立ったらひき肉とトマトのスープストックを加え、A にスープを入れてのばしてから加える。

3 煮立ったらザーサイ、ワンタンの皮を 1 枚ずつ加えて (a) さっと煮る。器に盛り、長ねぎ、パクチーをのせ、ラー油をかける。

ワンタンの皮はそのまま入れるだけ。
つるんとした食感がおいしく、とろみもつきます。

［豚肉ときのこのスープストック］

たっぷりきのこのうまみを感じられる一年中つくりたいスープストック。具の存在感があるので、そのままでも十分満足できます。

材料●6杯分

豚こま切れ肉 ⋯⋯300g
しいたけ ⋯⋯⋯⋯6枚
えのきたけ ⋯⋯⋯大2袋(450g)
サラダ油 ⋯⋯⋯⋯大さじ1
A { 水 ⋯⋯⋯⋯⋯⋯6と1/2カップ
    塩 ⋯⋯⋯⋯⋯⋯小さじ2/3

つくり方

1 豚肉は大きいものは食べやすく切る。しいたけは石突きを切り落として薄切りに、えのきたけは石突きを切り落としてほぐす。

2 鍋にサラダ油を入れて中火で熱し、豚肉を炒める(a)。肉の色が変わったらしいたけ(b)、えのきたけ(c)、Aを加える。煮立ったらアクをとり、時々混ぜながら弱火で10分ほど煮て冷ます。

＊そのまま食べるときは、塩、こしょうで味をととのえ、細ねぎの小口切りをのせる。

保存期間 冷蔵で4〜5日、冷凍で約1か月

［豚肉ときのこのスープストック］を使って

豚肉ときのこ、青菜のしょうがスープ

シャキシャキの青菜とさっぱりしょうが。
あっさりしていて、いつでも食べたい味。

材料●2人分

［豚肉ときのこのスープストック］➡右ページ
- 具‥‥‥‥‥‥‥‥全量の1/4量（約150g）
- スープ‥‥‥‥‥400ml
- 小松菜‥‥‥‥‥‥‥1/4束
- しょうが(せん切り)‥‥1片分
- A { 塩‥‥‥‥‥‥‥‥少々
       しょうゆ‥‥‥‥小さじ1

つくり方

1 小松菜は3cm幅に切る。
2 鍋に豚肉ときのこのスープストックを入れて中火にかける。煮立ったら小松菜、しょうがを加えてさっと煮て、Aで味をととのえる。

サンラータン

[豚肉ときのこのスープストック]を使って

材 料 ● 2人分

[豚肉ときのこのスープストック] ➡52ページ
- 具‥‥‥‥‥‥全量の1/4量(約150g)
- スープ‥‥‥‥‥500ml
- 絹ごし豆腐‥‥‥‥‥1/2丁(150g)
- 卵‥‥‥‥‥‥1個
- A
  - 酢‥‥‥‥‥‥大さじ2
  - しょうゆ‥‥‥‥‥大さじ1と1/2
  - 砂糖‥‥‥‥‥‥小さじ1
  - 塩‥‥‥‥‥‥ひとつまみ
- 片栗粉‥‥‥‥‥‥大さじ1/2
- 粗びき黒こしょう‥‥少々
- ラー油‥‥‥‥‥‥少々

つくり方

1 豆腐は拍子木切りにし、卵は溶きほぐす。片栗粉は水大さじ1で溶く。

2 鍋に豚肉ときのこのスープストック、Aを入れて中火にかける。煮立ったら豆腐を加えてさっと煮る。

3 弱火にして水溶き片栗粉を回し入れる(a)。中火にし、煮立ってとろみがついたら溶き卵を回し入れ、ふわっと浮いたら火を止め、ひと混ぜする。器に盛り、黒こしょうをふり、ラー油をかける(b)。

豚肉ときのこのブラウンスープ

材 料 ● 2人分

[豚肉ときのこのスープストック] ➡52ページ
- 具‥‥‥‥‥‥全量の1/2量(約300g)
- スープ‥‥‥‥‥‥300ml
- 玉ねぎ‥‥‥‥‥‥1/4個
- にんじん‥‥‥‥‥‥1/5本
- ブロッコリー‥‥‥‥‥1/4個
- バター‥‥‥‥‥‥10g
- 薄力粉‥‥‥‥‥‥大さじ1
- 赤ワイン‥‥‥‥‥‥50ml
- A
  - デミグラスソース缶‥‥1/2缶(約150g)
  - 塩‥‥‥‥‥‥小さじ1/4
  - こしょう‥‥‥‥‥‥少々

つくり方

1 玉ねぎは1cm幅のくし形切りに、にんじんは5mm厚さの半月切りにする。ブロッコリーは小房に分け、塩少々(分量外)を加えた熱湯で2分30秒ほどゆで、ざるに上げる。

2 鍋にバターを入れて中火で熱し、玉ねぎ、にんじんを加えて炒める。玉ねぎが透き通ってきたら薄力粉を加え(a)、粉っぽさがなくなるまで炒める。

3 赤ワインを加え、煮立たせながら全体を混ぜる。豚肉ときのこのスープストック、Aを加えて混ぜ、煮立ったら弱めの中火で時々混ぜながら、にんじんが柔らかくなるまで5〜6分煮る。ブロッコリーを加える。

中華料理の人気スープもあっという間。
豆腐と卵を加えるだけで具だくさんに。

きのこのだしとブラウンソースがマッチ。
本格的な洋食が15分でできます。

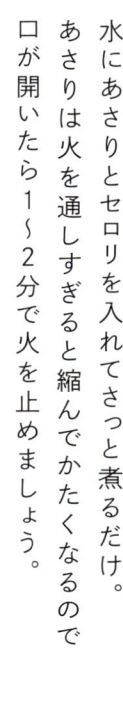

［あさりとセロリのスープストック］

水にあさりとセロリを入れてさっと煮るだけ。あさりは火を通しすぎると縮んでかたくなるので口が開いたら1〜2分で火を止めましょう。

材　料 ● 6杯分

あさり（砂抜き済みのもの）‥‥‥500g
セロリ‥‥‥‥‥‥‥‥‥‥‥‥2本

A ｛ セロリの葉‥‥‥‥‥‥1〜2本分(20g)
　　水‥‥‥‥‥‥‥‥‥‥‥‥7カップ
　　塩‥‥‥‥‥‥‥‥‥‥‥小さじ 1/3

つくり方

1　あさりは殻と殻をこすり合わせて洗う。セロリは斜め薄切りにする。

2　鍋にA、あさり、セロリを入れて中火にかける。煮立ったらアクをとり（a）、あさりの殻が開いたら弱火にして2分ほど煮る（b）。

3　火を止め、セロリの葉をとり除いて冷ます。

＊そのまま食べるときは、塩で味をととのえ、ごま油、黒こしょうをふる。

保存期間　冷蔵で4〜5日、冷凍で約1か月

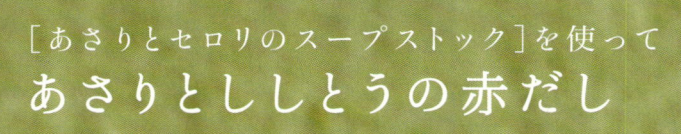

[あさりとセロリのスープストック] を使って

あさりとししとうの赤だし

あさりと赤みそがよく合います。
3種の香味野菜がきいた香り高いみそ汁。

材料●2人分

[あさりとセロリのスープストック]
→右ページ
　具………全量の1/3量（約180g）
　スープ…400ml
しし唐辛子…4本
みょうが……1個
赤みそ………大さじ1〜1と1/2

つくり方

1　しし唐辛子、みょうがは薄い小
　口切りにする。

2　鍋にあさりとセロリのスープス
　トックを入れて中火にかけ、煮
　立ったらみそを溶く（a）。器に
　盛り、1をのせる。

クラムとは2枚貝のこと。あさりのスープに
牛乳を加えれば、すぐにアメリカの定番スープに。

［あさりとセロリのスープストック］を使って

ニューイングランドクラムチャウダー

<u>材 料 ● 2人分</u>

［あさりとセロリのスープストック］
➡ 56ページ

　　{ 具……全量の1/3量(約180g)
　　　スープ…………200ml

じゃがいも…………小1個
にんじん……………1/3本
ベーコン……………1枚
オリーブオイル……大さじ1/2
バター………………5g
薄力粉………………大さじ1
白ワイン……………大さじ2
牛乳…………………250ml
塩……………………小さじ1/4
パセリ(みじん切り)…適量

<u>つくり方</u>

1 じゃがいも、にんじんは1cm角に、ベーコンは1cm四方に切り(a)、じゃがいもはさっと水にさらして水気をきる。あさりとセロリのスープストックは具とスープに分け、あさりは殻から身をはずす。

2 鍋にオリーブオイルを入れて中火で熱し、あさりとセロリ以外の *1* を炒める。じゃがいもが透き通ってきたら、バター、薄力粉を加え、粉っぽさがなくなるまで炒める。白ワインを加えて煮立たせ、スープを加えて蓋をし、弱めの中火で時々混ぜながら、にんじんが柔らかくなるまで6〜7分煮る。

3 牛乳、あさり、セロリを加え(b)、煮立たせないように温め、塩で味をととのえる。器に盛り、パセリをふる。

あさりのフォー

材　料 ● 2人分

[あさりとセロリのスープストック] ➡56ページ
- 具‥‥‥‥‥‥‥‥‥‥‥‥‥‥全量の1/3量(約180g)
- スープ‥‥‥‥‥‥‥‥‥700ml

フォー‥‥‥‥‥‥‥‥‥‥‥‥‥‥100g

A
- ナンプラー‥‥‥‥‥大さじ1と1/2
- ライム汁‥‥‥‥‥‥‥大さじ1/2
- 赤唐辛子(輪切り)‥‥‥1/2本分
- 塩‥‥‥‥‥‥‥‥‥‥‥少々

パクチー、ライム‥‥‥‥‥各適量

つくり方

1　フォーは袋の表示どおりにぬるま湯でもどし、ゆでる。

2　鍋にあさりとセロリのスープストック、Aを入れて中火にかけ、ひと煮立ちさせる。

3　器にフォー、2を盛り(a)、ざく切りにしたパクチーをのせ、くし形切りにしたライムを添える。

スープがあればベトナム料理もすぐにできます。
あっさりしているのに濃厚なクセになる味。お好みでライムをたっぷりしぼって。

［鶏肉とごぼうのスープストック］

鶏肉とごぼうが絶妙な組み合わせ。
材料を水から入れて煮込むだけで
コクとうまみのあるおいしいだしができ上がります。

ⓐ

材料 ● 6杯分

鶏もも肉‥‥‥‥‥ 小2枚（400g）

ごぼう‥‥‥‥‥‥ 大1本（200g）

A ｛ 水‥‥‥‥‥‥‥‥ 7カップ
　　 塩‥‥‥‥‥‥‥ 小さじ2/3

つくり方

1　鶏もも肉は小さめの一口大に切る。ごぼうは皮
　　をこそげてささがきにし、水に5分ほどさらし
　　て水気をきる。

2　鍋にA、1を入れて（ⓐ）中火にかける。煮立っ
　　たらアクをとり、蓋をして弱火で20分ほど煮
　　て冷ます。

＊そのまま食べるときは、塩で味をととのえ、長ねぎの小
口切り、七味唐辛子をふる。

保存期間　冷蔵で3〜4日、冷凍で約1か月

鶏肉とごぼう、しめじの和風スープ

ごぼうと鶏肉にきのこのだしが加わった
ほっとして体にしみわたる味。

材料●2人分

［鶏肉とごぼうのスープストック］➡右ページ
- 具 ・・・・・・・・・・・・・・・ 全量の1/3量（約150g）
- スープ ・・・・・・・・・・・・ 400ml

しめじ ・・・・・・・・・・・・・・・ 1/2パック

A
- しょうゆ ・・・・・・・・・ 大さじ1/2
- みりん ・・・・・・・・・・・ 大さじ1/2
- 塩 ・・・・・・・・・・・・・・・ ひとつまみ

青ねぎ、ゆずこしょう・・・各少々

つくり方

1 しめじは石突きを切り落として小房に分ける。
2 鍋に鶏肉とごぼうのスープストック、Aを入れて中火にかける。煮立ったらしめじを加えてさっと煮る。器に盛り、小口切りにした青ねぎをのせ、ゆずこしょうを添える。

材料●2人分

［鶏肉とごぼうのスープストック］➡右ページ
- 具 ・・・・・・・・・・・・・・・ 全量の1/3量（約150g）
- スープ ・・・・・・・・・・・・ 200ml

にら ・・・・・・・・・・・・・・・ 3本

A
- コチュジャン ・・・・・・・・ 大さじ1/2
- みそ ・・・・・・・・・・・・・・ 小さじ2
- 酒 ・・・・・・・・・・・・・・・ 大さじ1
- にんにく（すりおろす）・・・ 1/4片分

豆乳（成分無調整）・・・・・・・・・・・ 200ml
粉唐辛子、白いりごま・・・・・・ 各適量

つくり方

1 にらは小口切りにする。Aは混ぜ合わせる。
2 鍋に鶏肉とごぼうのスープストックを入れて中火にかける。煮立ったらAを溶き混ぜ、豆乳を加え、煮立たせないように温める。
3 にらを加えてひと煮する。器に盛り、粉唐辛子、いりごまをふる。

鶏肉とごぼうの韓国風豆乳スープ

みそと豆乳、にんにくのコクをきかせた
濃厚なスープ。にらとごぼうの食感が決め手。

さらっとしたソースが絡んだ大人のパスタ。
濃いブルーチーズがごぼうによく合います。

鶏肉とごぼうのチーズクリームパスタ

材料 ● 2人分

[**鶏肉とごぼうのスープストック**]→60ページ

- 具……………全量の1/3量(約150g)
- スープ………………200ml
- スパゲッティー……………160g
- 生クリーム………………70ml
- 塩………………適量
- チーズ(ゴルゴンゾーラ)………60g
- 粗びき黒こしょう…………少々

つくり方

1. たっぷりの熱湯に塩(湯1.5ℓに対して塩大さじ1弱)を加え、スパゲッティーを袋の表示どおりにゆでる。

2. フライパンに鶏肉とごぼうのスープストックを入れて中火にかける。煮立ったら生クリームを加え、中火でフツフツと煮立たせながら1分ほど煮詰める(a)。

3. スパゲッティーを加えてさっとあえ、塩で味をととのえる。チーズをちぎって加えてひと混ぜし、器に盛り、黒こしょうをふる。

Part 3

つくりおきで安心
症状別
「体をととのえるスープ」

疲れぎみ、風邪ぎみで体調が不安定なとき、暴飲暴食が続いて体をリセットしたいときに野菜たっぷりの温かいスープを食べたくなるものではないでしょうか。
この章では、体調別、症状別に体に無理のない食材や味つけ、調理法を意識したスープを紹介しています。
3〜4日、おいしく食べられるスープは温め直すだけなので、いつでもお手軽。あと一品欲しい、というときにも助かります。

風邪のひきはじめの
滋養スープ

のどが痛んだり、熱っぽかったり、
風邪のひきはじめは、体にやさしい食事で
養生することが大切です。
食欲がないときでも食べられて、栄養もしっかりとれ、
体が芯から温まるスープをご紹介します。

鶏肉と大根の
ねぎしょうがスープ
→レシピは66ページ

やわらか根菜の粕汁

→レシピは67ページ

鶏肉と大根のねぎしょうがスープ

風邪にいいしょうがとねぎをきかせた、弱った体にしみわたるスープ。
すだちをしぼりかけて食べるとさっぱりします。

材料 ● 4杯分

鶏もも肉	小2枚(400g)
大根	1/3本(400g)
長ねぎ	1本
しょうが(せん切り)	2片分
A ┌ 水	6カップ
├ 薄口しょうゆ	大さじ2
└ 酒	大さじ2
塩	小さじ1/4〜1/3

つくり方

1 鶏もも肉は一口大に、大根は厚めに皮をむいて5cm長さに切り、縦に6つ割りにする。長ねぎは4cm幅に切る。

2 鍋にAを入れ、鶏肉を加えて中火にかける(a)。煮立ったらしっかりとアクをとり(b)、大根(c)、しょうがを加える(d)。再び煮立ったら弱火にして15分ほど煮る。

3 長ねぎを加え、弱火で10分ほど煮て、塩で味をととのえる。

*食べるときに、すだちとゆずこしょう(各材料外)を添える。

保存期間 冷蔵庫で3〜4日

やわらか根菜の粕汁

繊維が強い根菜類を柔らかく煮て、消化よく仕上げました。
酒粕の量はお好みで加減してください。

材 料 ● 4杯分

ごぼう	大1/4本（50g）
れんこん	小1/2節（40g）
にんじん	1/2本
しいたけ	3枚
さやいんげん	5本
長ねぎ	1本
だし汁	900ml
酒粕	60g（好みで〜80g）
白みそ	大さじ2と1/2

つくり方

1 ごぼう、れんこん、にんじん、しいたけは1cm角に切り、ごぼうとれんこんは5分ほど水にさらして水気をきる。さやいんげん、長ねぎは1cm幅の小口切りにする（a）。

2 だし汁のうち100mlを取り分け、酒粕を手でちぎって加え、ふやかしておく（b）。

3 鍋にだし汁、1のごぼう、れんこん、にんじん、しいたけを入れて中火にかける。煮立ったらアクをとり、弱火で15分煮る。さやいんげん、長ねぎを加えて（c）5分ほど煮る。

4 2の酒粕をよく混ぜてから加え（d）、みそを溶き入れる。

＊食べるときに、しょうがのすりおろし（材料外）をのせる。

保存期間 冷蔵庫で3〜4日

消化がよく栄養のある卵と豆腐のスープ。
軽くとろみをつけて、温かい状態を保ちます。

ほうれん草とくずし豆腐のかき玉汁

材 料 ● 4杯分

絹ごし豆腐	1/2丁（150g）
ほうれん草	1/2束
卵	2個
A だし汁	600ml
しょうゆ	小さじ1
塩	小さじ2/3
片栗粉	小さじ2

つくり方

1 豆腐はペーパータオルで水気を拭き、手で小さくちぎる。ほうれん草は熱湯でさっとゆで、冷水にとって冷まし（a）、水気を絞って4cm幅に切る。卵は溶きほぐす。片栗粉は水小さじ4で溶く。

2 鍋にAを入れて中火にかける。煮立ったら豆腐、ほうれん草を加えてさっと煮る。

3 弱火にして水溶き片栗粉を回し入れ、すぐに混ぜる。弱めの中火にし、とろみがついたら溶き卵を回し入れ（b）、ふわっと浮いたら火を止め、ひと混ぜする。

保存期間 冷蔵庫で3〜4日

長いもは、煮るとほくほくの食感が楽しめます。
たたいてつぶれた部分は自然なとろみに。

鶏ひき肉、なめこ、たたき長いものスープ

材 料 ● 4杯分

鶏ひき肉 ··150g
なめこ ··1袋
長いも ··250g
サラダ油 ·······································大さじ 1/2
A { 水 ···700ml
しょうゆ ·································大さじ 1
塩 ···小さじ 1/3

つくり方

1 なめこはさっと流水ですすぐ。長いもは皮をむいてポリ袋に入れ、麺棒でたたいて食べやすく割る（a）。崩れてとろっとした部分があってもよい。

2 鍋にサラダ油を入れて中火で熱し、鶏ひき肉をほぐしながら炒める。肉の色が変わったらAを加え、煮立ったらしっかりとアクをとる。

3 1を加え、再び煮立ったら、長いもが柔らかくなるまで弱めの中火で15分ほど煮る。塩で味をととのえる。

＊食べるときに、細ねぎの小口切り（材料外）をのせる。

保存期間 冷蔵庫で3〜4日

かぼちゃ、きのこ、ベーコンの豆乳スープ

豆乳であっさり味に仕立てた、さらっとしたスープです。
ほどよく煮崩れたかぼちゃにバターの風味がマッチ。

材 料 ● 4杯分

かぼちゃ ……………………小1/4個（300g）
しめじ ……………………………1パック
玉ねぎ ……………………………1/2個
ベーコン …………………………3枚
バター ……………………………15g
A{
　水 ………………………………400ml
　塩 ……………………………小さじ2/3
　こしょう ………………………少々
　ローリエ ………………………1枚
豆乳（成分無調整） ………………250ml

つくり方

1 かぼちゃは種、ワタをとって1.5〜2cm厚さのいちょう切りにし、しめじは石突きを切り落として小房に分ける。玉ねぎは1cm幅のくし形切りに、ベーコンは1cm幅に切る。

2 鍋にバターを入れて中火で熱し、バターを溶かす。玉ねぎを加えて炒め（**a**）、透き通ってきたらAを加え（**b**）、煮立ったら、かぼちゃ、しめじ（**c**）、ベーコンを加える。蓋をして、かぼちゃが柔らかくなるまで弱火で5〜6分煮る。

3 豆乳を加え（**d**）、煮立たせないように温め、味をみて塩少々（分量外）でととのえる。

保存期間 冷蔵庫で3〜4日

消化スープ

胃が疲れているときの

ほたてとかぶ、
白菜のくたくた煮スープ
→レシピは74ページ

胃が疲れているときは、胃に負担のかからない
消化のいい食事をとること。
また、さっぱりした味、やさしい味のものが食べたくなります。
ねばねば系の野菜は胃の粘膜を保護するので効果的。
根菜は柔らかくなるまで煮るとよいでしょう。

冬瓜とハム、トマトの
黒酢スープ
レシピは75ページ

ほたてとかぶ、白菜の
くたくた煮スープ

くたくたの白菜と、とろとろのかぶが
体にやさしいスープ。
ほたて缶が、さっぱりとしたいいだしになります。

材 料 ● 4杯分

ほたて水煮缶	大1缶（135g）
かぶ	2〜3個（200g）
白菜	3〜4枚
水	800ml

A
塩	小さじ2/3
しょうゆ	小さじ1/2
こしょう	少々
ごま油	少々

つくり方

1 かぶは茎を1.5cmほど残して切り落とし、皮をむいて8
  等分のくし形切りにする。白菜は葉と軸に分け、軸は繊維
  に沿って5cm幅の細切りに、葉は一口大に切る（a）。

2 鍋に水、ほたて水煮缶を缶汁ごと加えて（b）中火にかける。
  煮立ったら、白菜の軸を加え（c）、アクをとりながら弱め
  の中火で5分ほど煮る。

3 かぶ（d）、白菜の葉を加えて中火にする。再び煮立ったら、
  弱火で10分ほど煮て、Aで味をととのえる。

保存期間 冷蔵庫で3〜4日

冬瓜とハム、トマトの
黒酢スープ

酸味の強い黒酢は控えめにして、
やさしいトマトの酸味を合わせました。
干しえびとハムのダブルのだしがきいています。

材 料 ● 4杯分

冬瓜	1/8個(350g)
トマト	小2個
ハム	3枚
干しえび	大さじ1と1/2

A {
水	700ml
しょうゆ	大さじ1
酒	大さじ1

B {
黒酢	大さじ2〜3
塩	小さじ1/2
こしょう	少々

つくり方

1 干しえびはぬるま湯50mlに1時間ほど浸してもどす。冬瓜は種、ワタをとって4等分くらいに切り分け、皮をむき（a）、1.5cm厚さのいちょう切りにする。トマトは8等分のくし形切りに、ハムは横半分に切って縦に7〜8mm幅に切る。

2 鍋にA、*1*の干しえびをもどし汁ごと入れて（b）中火にかける。煮立ったら冬瓜を加え、アクをとりながら中火で7〜8分煮る。

3 トマト（c）、ハム、Bを加えて（d）さっと煮る。

＊食べるときに、粗びき黒こしょう（材料外）をふる。

■保存期間■ 冷蔵庫で3〜4日

キャベツとにんじんはしっかり焼き目をつけてから煮ることで、
風味と香ばしさが出ます。
くたくたになるまで煮て、消化のよいスープに。

焼きキャベツとにんじんのやわらか煮スープ

材 料 ● 4杯分

キャベツ ……………………… 小1/2個（400g）
にんじん ……………………… 小2本
鶏ひき肉 ……………………… 150g
オリーブオイル …………… 大さじ1
A ┌ 水 ………………………… 6カップ
　├ ローリエ ……………… 1枚
　└ 塩 ………………………… 小さじ3/4
塩、こしょう ………………… 各少々

つくり方

1 キャベツは4等分のくし形切りに、にんじんは長さを半分に切って、縦半分に切る。

2 フライパンにオリーブオイルを入れて強めの中火で熱し、キャベツの切り口がこんがりとするまで、両面合わせて4〜5分焼きつける（**a**）。キャベツをとり出し、続いてにんじんも切り口がこんがりとするまで2分ほど焼きつける。鶏ひき肉を加え、粗くほぐしながら肉の色が変わるまで炒める（**b**）。

3 鍋にAを入れ、2を加えて強火にかける。煮立ったらアクをとり、蓋をしてにんじんが柔らかくなるまで弱火で30分ほど煮る。塩、こしょうで味をととのえる。

＊食べるときに、マスタード（材料外）を添える。

保存期間 冷蔵庫で3〜4日

ねばねば野菜でとろみのついたスープが
しんなり、とろりとしたなすに絡みます。
梅干しを入れて食べるので、塩分は控えめに。

ねばねば野菜となすの梅スープ

<u>材　料</u>● 4杯分

モロヘイヤ	……………………………	1束
オクラ	………………………………	8本
なす	…………………………………	2本

A { だし汁 …………………………… 700ml
しょうゆ ……………………… 小さじ1
塩 ………………………………… 小さじ 1/3

<u>つくり方</u>

1　モロヘイヤは葉を摘み（a）、粗く刻む（b）。オクラは塩適量(分量外)をふってまな
　　板の上でこすり(板ずり)、さっと洗って小口切りにする。なすは皮を縞目にむき、
　　長さを半分、縦に 6〜8 等分に切って 5 分ほど水にさらし、水気をきる。

2　鍋に A を入れて中火にかける。煮立ったら 1 を加え、なすがしんなりとするまで
　　3〜4 分煮る。

＊食べるときに、梅干し（材料外）をのせ、梅干しを崩しながら食べる。

<u>保存期間</u>　冷蔵庫で 3〜4 日

じゃがいも、カリフラワー、ツナのスープ

たっぷりのツナをだしにしたスープ。
あっさりしたカリフラワーとじゃがいもは
ほろほろになるまで煮込みます。

材料 ● 4杯分

じゃがいも	2個（250g）
カリフラワー	1/2個（200g）
ツナ缶	大1缶（175g）
A｛水	800ml
塩	小さじ2/3
こしょう	少々
タイム	2〜3本
塩	少々

つくり方

1. じゃがいもは1.5cm厚さのいちょう切りにし、さっと水にさらして水気をきる。カリフラワーは小房に分け、大きいものは半分に切る。ツナは缶汁をきる（**a**）。

2. 鍋にAを入れて中火にかける。煮立ったら**1**を加え（**b**）、再び煮立ったらアクをとり、弱めの中火で野菜がほろほろとするまで15分ほど煮て（**c**）、塩で味をととのえる（**d**）。

＊食べるときに、オリーブオイル（材料外）を回しかける。

保存期間 冷蔵庫で2〜3日

おなかスッキリ 美腸スープ

お通じが滞り、おなかがスッキリしないときは、
食物繊維が豊富な根菜、きのこ、海藻、豆などの
食材をたっぷりとって、腸をととのえましょう。
野菜がたくさん食べられて、美肌にも効果的です。

豚肉と豆苗、
きくらげのスープ

→レシピは82ページ

白いんげん豆と焼きれんこん、
鶏肉の煮込みスープ
↓レシピは83ページ

豚肉と豆苗、きくらげのスープ

豆苗は最後に入れてさっと火を通す程度にし、シャキシャキ感を出しますが、
翌日以降、しんなりしたものもおいしいです。

材 料 ● 4杯分

豚バラ薄切り肉 ……………… 150g
豆苗 ………………………… 1パック
きくらげ …………………… 5g
A ┌ 酒 ……………………… 大さじ1
　├ 片栗粉 ………………… 小さじ2
　└ 塩 …………………… 少々
ごま油 ……………………… 大さじ1/2
B ┌ 水 …………………… 800ml
　├ しょうゆ ……………… 大さじ2/3
　├ にんにく（すりおろす）… 1/4片分
　├ 塩 …………………… 小さじ1/2
　└ こしょう …………… 少々

つくり方

1　豚肉は2cm幅に切ってAをもみ込む（**a**）。豆苗は根元を切り落として3等
　分の長さに切る。きくらげはたっぷりの水に30分ほど浸してもどし、かた
　い部分を切り落として細切りにする。

2　鍋にごま油を入れて中火で熱し、豚肉を炒める（**b**）。肉の色が変わったらB
　を加え、煮立ったらアクをとる（**c**）。きくらげ、豆苗を加えて（**d**）さっと煮る。

＊食べるときに、あれば砕いたホワジャオ（材料外）をふる。

`保存期間` 冷蔵庫で3〜4日

白いんげん豆と焼きれんこん、鶏肉の煮込みスープ

鶏肉とれんこんは焼き目をつけて香ばしく。
煮込んだれんこんはほくほく、豆のだしも出た、濃厚な食べるスープです。

材　料 ● 4杯分

鶏もも肉	小2枚(200g)
白いんげん豆 (ゆでたもの*、または水煮)	200g
れんこん	小1節(150g)
玉ねぎ	1/2個
塩、こしょう	各少々
オリーブオイル	大さじ1
A 水	800ml
タイム	5〜6本
塩	小さじ2/3
こしょう	少々

＊白いんげん豆のゆで方は、30ページのひよこ豆と同様。ゆで時間は45分〜1時間にする。

つくり方

1　鶏もも肉は6等分くらいに切り、塩、こしょうをすり込む。れんこんは皮をむいて1cm厚さの輪切りにする。玉ねぎはみじん切りにする。

2　フライパンにオリーブオイルを入れて中火で熱し、れんこんを焼きつける。3分ほどしてこんがりとしたら裏返し（a）、さらに1分ほど焼いて一度取り出す。続いて鶏肉の皮面を下にして焼きつける。3分ほどしてこんがりとしたら裏返し（b）、弱めの中火にして玉ねぎを加え、しんなりとするまで炒める（c）。

3　鍋にAを入れ、2、白いんげん豆を加えて（d）中火にかける。煮立ったらアクをとり、蓋をして弱火で30分ほど煮る。味をみて塩少々（分量外）でととのえる。

＊食べるときに、パルメザンチーズ（材料外）をふる。

保存期間　冷蔵庫で約3日

5種類の食材、それぞれの食感が口の中で広がる
具だくさんのスープ。さっと煮るだけですぐできます。

絹さやとえのき、ひじきの和風スープ

材料●4杯分

絹さや	……………	50g
えのきたけ	……………	大1袋
長ねぎ	……………	1本
芽ひじき	……………	10g
油揚げ	……………	1枚
A { だし汁	……………	800ml
しょうゆ	……………	大さじ1
塩	……………	小さじ2/3

つくり方

1 絹さやは筋をとる。えのきたけは石突きを切り落とし、長さを半分に切ってほぐす。長ねぎは縦半分に切って斜め薄切りに、ひじきはたっぷりの水に10分ほど浸してもどし、水気をきる。油揚げは横半分、縦に1cm幅に切ってざるに広げ、熱湯を回しかける。

2 鍋にAを入れて中火にかける。煮立ったらひじきを加え（a）、再び煮立ったらアクをとり、弱めの中火で5分ほど煮る。

3 残りの *1* を加え（b）、さっと煮る。

保存期間 冷蔵庫で3～4日

皮なしのレンズ豆なので、短時間でくたくたになります。
クミンシードとレモン汁でエスニックな一品に。

レンズ豆のエスニックカレースープ

材 料 ● 4 杯分

レンズ豆 (オレンジ色の皮なしタイプ) …150g
玉ねぎ ………………………………… 1/2個
にんにく (みじん切り) ………………… 1片分
サラダ油 …………………………… 大さじ1
クミンシード ……………………… 小さじ1/2
カレー粉 …………………………… 小さじ2/3
A { 水 ………………………………… 800ml
    塩 ………………………………… 小さじ2/3
    ローリエ ………………………… 1枚

つくり方

1 レンズ豆はざるに入れ、流水をかけてさっとすすぐ。玉ねぎは粗みじん切りにする。

2 鍋にサラダ油、クミンシードを入れて弱火で熱し (a)、香りが立って気泡が出てきたら、にんにく、玉ねぎを加えて炒める。玉ねぎがしんなりとしたらカレー粉、レンズ豆を加え、粉っぽさがなくなるまで炒める (b)。

3 Aを加え、煮立ったらアクをとり、豆が柔らかくなるまで弱めの中火で 10 〜 15 分煮る。味をみて、塩少々 (分量外) でととのえる。

＊食べるときに、ざく切りにしたパクチー、くし形切りにしたレモン (各材料外) を添える。

保存期間 冷蔵庫で 3 〜 4 日

手羽元と根菜、きのこの中華スープ

鶏肉や野菜を塩だけで煮込んだシンプルなスープ。
後がけのねぎだれが味のアクセントになります。

材料●4杯分

手羽元	8本
にんじん	1/3本
ごぼう	1/2本
しいたけ	3枚
小松菜	1/4束

A
水	6カップ
塩	小さじ2/3
こしょう	少々

ねぎだれ
長ねぎ(みじん切り)	1/3本分
しょうが(みじん切り)	1片分
しょうゆ	大さじ1
酢	大さじ1
砂糖	大さじ1/2
ごま油	小さじ1
ラー油	少々

つくり方

1. 手羽元は骨に沿って切り込みを入れる。にんじんは短冊切り、ごぼうはささがきにして5分ほど水にさらして水気をきる。しいたけは薄切りに、小松菜は4cm幅に切る。ねぎだれの材料を合わせておく。

2. 鍋にA、手羽元を入れて中火にかける(a)。煮立ったらアクをとり、にんじん、ごぼう、しいたけを加え(b)、弱火で20分ほど煮る(c)。

3. 中火にして小松菜を加え(d)、さっと煮る。

＊食べるときに、ねぎだれをかける。

保存期間 冷蔵庫で3〜4日

ねぎだれは3日ほど
日持ちします。蒸した
魚や肉などにかけても
おいしい。

元気をつけたいときの
スタミナスープ

ユッケジャンスープ
→レシピは90ページ

スタミナをつけたいときは、パンチのあるものや
スパイシーなものが食べたくなります。
お肉や野菜がたっぷりで栄養満点、
食べると元気になれるスープをご紹介。ごちそう感があるので、
特別な日のメニューとしてもおすすめです。

↓レシピは91ページ

豚肉とキャベツのポテ

ユッケジャンスープ

甘辛の韓国みそ、コチュジャンをきかせたスープ。
牛肉と煮干しのうまみがスープにしみ込んでいます。

材 料 ● 4杯分

牛カルビ焼き肉用肉 ……… 200g
豆もやし ………………… 1袋
赤パプリカ ……………… 1/2個
しいたけ ………………… 4枚
にら ……………………… 5本

A
- しょうゆ ……………… 大さじ2と1/2
- コチュジャン ………… 大さじ1と1/2
- 酒 …………………… 大さじ1
- 砂糖 ………………… 大さじ1/2
- にんにく (すりおろす) … 1片分
- 塩、こしょう ………… 各少々

ごま油 …………………… 大さじ1

B
- 水 …………………… 800ml
- 煮干し ……………… 6本

つくり方

1 牛肉は1cm幅の細切りにする。ボウルにAを混ぜ合わせ
て牛肉にからめる（a）。

2 赤パプリカは縦に細切りに、しいたけは薄切りに、にらは
4cm幅に切る。

3 鍋にごま油を入れて中火で熱し、1を加えて炒める。肉の
色が変わったらBを加え（b）、煮立ったらアクをとる。赤
パプリカ、しいたけ、豆もやしを加え（c）、再び煮立ったら、
弱めの中火で5分ほど煮て、にらを加え（d）、ひと煮する。
塩、粗びき黒こしょう、ごま油各適宜（各分量外）で味をとと
のえる。

保存期間 冷蔵庫で3〜4日

豚肉とキャベツのポテ

ポトフに似たフランスの田舎の煮込み料理、ポテ。
鍋からあふれるほどのキャベツを入れるのが特徴です。
かたまり肉と丸ごとのじゃがいもでボリューム満点。

材　料 ● 4杯分

豚肩ロースブロック肉…500g	
ベーコン ……………………… 4枚	
キャベツ ………………… 1/2個（500g）	
じゃがいも ……………… 小4個（400g）	
塩、砂糖 …………………… 各小さじ2	
オリーブオイル ………… 大さじ1/2	
A { 水……………………… 6カップ	
ローリエ …………… 2枚	
こしょう …………………… 少々	

つくり方

1　豚肉は塩、砂糖をもみ込み、ラップで包んで半日〜一晩おき（**a**）、水気を拭く。

2　キャベツは大きめの一口大に切り、じゃがいもは皮をむいてさっと水ですすぐ。

3　鍋にオリーブオイルを入れて強めの中火で熱し、**1**を加えて焼きつける。全体的に肉の色が変わったら（**b**）、余分な脂や焦げをペーパータオルで拭き、Aを加える。煮立ったらアクをとり、蓋をして弱火で20分ほど煮る。

4　肉の上下を返してベーコン、じゃがいもを入れ（**c**）、キャベツを重ね入れ（**d**）、蓋をする。さらに弱火で20〜25分、じゃがいもに竹串がスーッと通るまで煮る（途中、キャベツを押し込んでスープになじませる）。塩小さじ1/4（分量外）、こしょうで味をととのえる。

＊食べるときに、豚肉を薄切りにして器に盛り、粒マスタード（材料外）を添える。

保存期間 冷蔵庫で3〜4日

アホとはスペイン語でにんにくのこと。
にんにくのコク、生ハムのうまみでパンチのある味に。
バゲットはかたくなったもので大丈夫です。

スペイン風アホスープ

材 料 ● 4杯分

生ハム	70g
玉ねぎ	1/2個
にんにく	3片
トマト	1個
バゲット	10cm（40g）
卵	2個
オリーブオイル	大さじ1
A 水	800ml
パプリカパウダー	小さじ1
チリパウダー	小さじ1/2
塩	小さじ2/3

つくり方

1 生ハムは1cm角に、玉ねぎは横半分に切ってから縦に薄切りにする。にんにくは縦半分に切って薄切りに、トマト、バゲットは1cm角に切る。

2 鍋にオリーブオイル、にんにくを入れて中火で炒め、香りが立ったら、玉ねぎを加えて炒める。玉ねぎがしんなりとしたら残りの1を加えてさっと炒め（a）、Aを加えて混ぜる。煮立ったらアクをとり、時々バゲットを崩すように混ぜながら、弱めの中火で15分ほど煮る。

3 味をみて塩少々（分量外）でととのえる。溶き卵を回し入れ、ふわっと浮いたら火を止め、ひと混ぜする。

＊食べるときに、刻んだパセリ、粗びき黒こしょうをふる。

保存期間 冷蔵庫で3〜4日

フランスでは元気をつけたいときに食べるスープ。
玉ねぎはレンジで加熱しておくと時間が短縮でき、
炒めるときに砂糖を加えると早く色づきます。

オニオングラタンスープ

材料 ● 4杯分

玉ねぎ	3個
砂糖	大さじ1/2
オリーブオイル	大さじ2
バター	10g
赤ワイン	大さじ3
A { 水	800ml
塩	小さじ2/3

つくり方

1 玉ねぎは縦に薄切りにし、耐熱ボウルに入れてふんわりとラップをかけ、電子レンジで13分ほど加熱する（a）。

2 鍋にオリーブオイル、バターを入れて中火で熱し、バターが溶けたら **1**、砂糖を加え、飴色になるまで17〜18分炒める（b）。

3 赤ワインを加え、汁気がなじむまで煮詰める。Aを加え、煮立ったらアクをとり、弱めの中火で10分ほど煮る。塩少々（分量外）で味をととのえる。

＊食べるときに、耐熱容器に **3** を入れ、1つにつき1cm厚さのバゲット2切れ、ピザ用チーズ20g（各材料外）をのせ、220度のオーブンで、こんがりするまで12〜13分焼く。

保存期間 冷蔵庫で3〜4日

シーフードとじゃがいもの
カレーミルクスープ

魚介の濃いだしに玉ねぎの甘みが溶け込んで、深みがありつつも
やさしい味のスープに。魚介は火を通しすぎないのがコツ。

材料 ● 4杯分

えび	8尾
あさり（砂抜き済みのもの）	300g
じゃがいも	2個（250g）
トマト	小2個
玉ねぎ	1/2個
にんにく（みじん切り）	1片分
A｛水	450ml
白ワイン	50ml
サフラン（あれば）	ふたつまみ
オリーブオイル	大さじ1
カレー粉	大さじ1/2
B｛牛乳	400ml
塩	小さじ1/2
こしょう	少々

つくり方

1. えびは尾を残して殻をむき、背ワタをとる。あさりは殻と殻をこすり合わせて洗う。じゃがいもは1cm厚さの半月切りにしてさっと水にさらし、水気をきる。トマトは1.5cm角に切り、玉ねぎは横半分に切って縦に薄切りにする。

2. 鍋にAを混ぜ合わせ、えび、あさりを入れて中火にかける。4〜5分してあさりの殻が開いたら（a）、蒸し汁と魚介に分け（b）、サフランを蒸し汁に加えてもどす。

3. 2の鍋をさっときれいにし、オリーブオイル、にんにくを入れて中火で熱し、香りが立ったら玉ねぎを炒める。しんなりとしたらじゃがいもを加えて炒め、透き通ってきたらカレー粉を加え、粉っぽさがなくなるまで炒める（c）。2の蒸し汁（d）、トマトを加え（e）、蓋をしてじゃがいもが柔らかくなるまで、弱火で8〜9分煮る。

4. B、2の魚介を加え（f）、煮立たせないように温める。

保存期間 冷蔵庫で約3日

市瀬悦子

料理研究家。食品メーカーから料理の世界へ。多くの料理研究家のアシスタントを経て独立。「おいしくてつくりやすい家庭料理」をモットーに、雑誌や書籍、テレビ番組、メーカーなどへメニューを提案する。著書に『おいしいごちそうサラダとマリネ』(成美堂出版)、『ラクうま献立』(主婦の友社)、『ザクザク切ってあえるだけ 主菜サラダ』(家の光協会)ほか多数。
http://e-ichise.com

デザイン	片岡修一(pull/push)
撮影	澤木央子
スタイリング	城 素穂
校正	安久都淳子
編集	広谷綾子

まとめて作って温めるだけ
つくりおきスープ

2016年10月1日　第1版発行

著　者	市瀬悦子
発行者	髙杉　昇
発行所	一般社団法人 家の光協会

〒162-8448　東京都新宿区市谷船河原町11
電話　　03-3266-9029(販売)
　　　　03-3266-9028(編集)
振替　　00150-1-4724

印刷・製本　大日本印刷株式会社